JN409125

연둣빛 시간

연듯빛 시간

김옥란 시집

해암

| 여는 글 |

보도블록 사이로 노란 꽃이
힘겹게 피어 있다
밟히면 어쩌나
한참 동안 마음만 쓰다
발길을 돌린다
누운 밤 내내 내 가슴이
노랗게 물든다

호의적이지 않은 세상의
바람에도 나는 꿈꾸었다
내 가슴 한 자락이
누군가에게 닿아 함께 물들기를
내 글 한 구절이 누군가의
그늘진 등을 어루만지기를
그 꽃과 나는, 그리고
우리의 뿌리는 모두 닮아있다

| 차례 |

1_ 꽃 그리고 봄

2_ 이것이 나의 삶

3_ 그 산속에 무슨 일이

4_ 정월대보름

5_ 들어보자 나무의 말

1부

꽃 그리고 봄

꽃 그리고 봄

촉촉한 봄비에
산과 들 모두 몸을 씻어내린다
꿈틀거리던 뿌리들이
지층의 한 축을 밀고
겨우 눈을 뜨고 손을 흔든다

조용히 피어나는 목련의 숨소리
아프다 아프다 소리치는
꽃망울 터지는 소리
숲 속에 젖어 있네

땅 밑 어디선가 화석이 생기고
꽃들의 순산과 난산이 교차되는 시간
나무의 잔뿌리를 어루만진다

오월

나무는 지금 출산 중이다
건조하고 마른 공기 속으로
마른 몸을 틀며 새잎을 난산하는
나무의 비명이 숲을 적신다

까마득한 땅 밑
먼 뿌리부터 저린
아득한 산고
바람은 갓 태어난 새순의
젖은 몸을 말리고
더운 비를 불러 산모의 밑을 씻는다

고통의 끝에 닿아야
비로소 어머니라는 이름을 얻게 되는
아프지 않으면 얻을 수 없는
여자의 생애를 나무는 가만가만
재 몸을 덮어오는 졸음같은
안갯속에서 들려주는 것이다

더운 느낌 가득한 오월.

나무, 혹은 딸들에게

저무는 봄날,
늙은 몸에서는 세월이 입혀준 기억이
오래도록 안에서 바스락거린다

오직 길러내는 것을 숙명이라 여기고
마음의 가장 여린 자리만을 골라
잎을 틔워내던 너희들, 한 잎의 낙엽으로
더러는 축복받은 한 송이 꽃으로 보내고,
나는 오랜 기억같은 별빛들을 더듬더듬 헤아리며
죄다 떨어뜨리고 가는 삶을 소원했다

그러나, 아이여! 이제는 그만한 아이를 기르는 아이여

몸과 마음의 길이 달라 나는 여기에 섰다
무수히 제 힘으로 떨어졌던 꽃잎들도
너그러이 발아래 쌓아둔 나무처럼
나는 어둑어둑한 얼굴로 여기에 섰다
부르튼 살을 열어 낳아내던
기억 속의 나무 한 그루로 나는
여전히 여기에 우두커니 섰다

감은사지感恩寺址

낡고 누추한 얼굴이라도
서로 닮아가는 몸을 세우고
염려念慮만큼의 거리를 두고
감은사터의 석탑처럼
나란히 서고 싶었습니다

시퍼렇게 출렁거리며
마음의 수로를 따라
오래 된 이끼의 홀씨라도
나누고 싶은 당신

해무海霧에 젖은 얼굴
손내밀어 닦아주는 대신
아득히 닮은 서로의 살을 부비고 싶은 밤

쇠락한 절터에는 달빛만 가득해서
고요함이 쓸쓸히 깊어지는 밤

한해살이 풀들의 생애가 부러워져도
천겁千劫의 세월이 지나고

몸살 같은 사랑이 지난 후
닳을 대로 닳은 몸을 나란히 눕히고
와불臥佛의 눈으로 바라보는 사랑만
허락하고 싶습니다.

불두화佛頭花

진흙탕같이 어둑어둑한 마음을 이끌고
대웅전에 엎드린 둥글고 둥근 죄여
바닥에 몸을 낮춰 욕심을 닦아내고
기림사祇林寺 대웅전 문을 밀고 나서는 길

가장 먼 길은
부처와 사람 사이의 길인 것을
가장 가까운 것은
죄와 몸 사이의 길인 것을

봄볕 아늑한
정갈한 빗살무늬의 길을 따라
속俗을 향해 내미는 발길

번뇌煩惱의 몸 위로
눈물처럼 여린
꽃잎을 모아 틔워내는
순백純白의 참선參禪 한 무더기

고개를 불쑥 내밀고
합장合掌하고 조아리는
어느 봄날 오후.

에밀레종

몸 하나 깃들어서 덧없이 슬프구나
죄 많은 어미의 뉘우침의 소리까지
아득한 손길로 덮어주는 울음이여

죄지은 적 없는 착한 속을 더듬거리며
컴컴한 몸속에 웅크리고 앉아
토해내는 제 작은 몸을 맴돌던 울음

온 몸을 떨어 어미 부르는 소리
어미의 눈물 닦아주는 소리
가만히 세상의 죄 덮어주는 소리

몸 하나 깃들어 더욱 무거운
죽어서도 울음뿐인 종을
안간힘 다해 쥐고 있는
용뉴龍鈕의 손아귀가 저리다.

찔레꽃

초록으로 군락을 이룬
조용하고도 부끄러운 듯
찔레로 서 있는 너의 모습은
낮달보다 희어서 서러웁다

온몸에 가시를 달고
기다림에 목말라
함부로 뒤엉킨 모습은
속수무책의 그리움

너는 가뭄을 부르며
피어난다던
어머니 고운 수의를 입고
허기진 찔레꽃으로
창백하게 피어있네

찔레향기 너무 좋아 눈물 납니다.

참선

똑 또르르 똑 또르르 똑 또르르
깨어나라 깨어나라

천년고찰에 목탁소리 가라앉고
방석위에 가부좌 틀고
이 뭣 고를 하시는 님
귀가 있고 눈이 있어도
침묵하는 시간

산도 바람도 참선에 들어
천안을 보는 시간

이 뭣 고를 찾으셨나
가부좌 푸는 소리에
새 한 마리 하늘을 날으네

아련한 기억

아이 셋과 손을 잡고
당신의 퇴근 시간을 기다렸던
그 골목길
수없이 많은 사람들 속에서
당신을 찾아내고 아이들과
손을 흔들었습니다

저 건너편에서 힘이 빠진 듯
웃고 있던 당신
다섯이 돌아오면서 깔깔거리고
이산가족이 만난 듯 했습니다
땀 냄새가 정겹던 그날
눈꽃보다 환하게 웃으며
앙증맞은 걸음으로 걸어왔습니다

그때 그 골목은 그대로일까요
그립고 보고 싶습니다.

처용處容 부婦의 노래

당신은 막막한 바다 건너 해무海霧를 헤치고 오셨다 하셨습니다. 당신을 기약하던 날의 개운포, 그 캄캄한 하늘이 어찌 지금 제 마음의 빛깔이기만 하겠습니까. 문득문득 바다로 향하던 당신의 스산한 눈동자를 어찌 기마騎馬의 늠름한 사내를 바라던 제 마음이 받아들일 수 있었겠습니까.

만월滿月의 밤하늘이 차고 깊어서 당신은 밀물은 만난 해암海巖의 이끼처럼 부풀어 올라 서라벌의 밤을 헤매고 몸을 뒤척이셨는지요. 용왕의 아들이라는, 서역의 이방인이라는 수군거림이 서라벌의 담을 넘나들어서였나요. 쇳물 같은 신열身熱의 끝자락에서 더듬던 부창부수夫唱婦隨의 자리는 비어서 언제나 새벽처럼 서늘했던 것을.

당신의 하사품이었던 나, 달빛 아래 빛나던 시퍼런 옷자락에 소스라치던 나, 본래 당신의 것이 아니었던 나, 제 붉고 뜨거운 마음에 묻은 흠결을 너그러이 닦아

내 주시던 당신 춤과 노래, 그러나 처용處容 아비여, 당신은 아는지요. 당신이 쫓아낸 역신疫神을 불러들인 것이 사실은 늘 비어있던 당신의 빈자리였다는 것을.

남산을 오르며

남산
낮아서 더욱 높은 산
고만고만하게 자란 낯익은 풀들과
무심한 듯 결가부좌結跏趺坐를 튼 넝쿨들
지상과 공중의 사이
까마득한 허공에 집을 짓는 거미들
발자국을 지우려 애쓸수록
또 하나의 발자국이 만들어지네

등산과 하산은
짐 지고 오르는 무거움과
비우고 내려오는 가벼움의 차이인 것을

저 혼자만 우뚝 서기 보다는
온갖 물상 보듬으며 품어주는 산
해탈이 어디 산사의 몫이랴
스스로 일주문이 되어 서 보는 산

온통 탱화 빛으로 물든 몸을
납작하게 엎드려 묻어 두고
낮게낮게 자리 잡은 마을로
가만히 손을 내려 어루만져주는
얼굴없는 석불로 앉은 산
남산.

연둣빛 시간

만월의 밤하늘이 차고 깊은
동궁월지
왕과 세자의 한가로운 산책시간
민초의 스산한 눈동자가
길가에 늘어섰다
생각들이 쌓여 물이 되는 동궁월지

노란 스카프를 두른 수선화가 웃고 있다
누각이며 꽃들이
아름답구나
부처님과 하늘에 기도를 올리고 싶다

세자야
우리는 꽃과 함께
저렇게 소리 없이 저물어간단다
수선화가 혼자 피었다가 혼자 지는 걸 보라
위대하고 아름다운 일이야

꽃으로 오는 신라인
모두를 사랑하라
왕을 쳐다보고 고개를 끄덕인다
맑고 고운 동궁월지로구나

법문

오랜만에 스님과 대웅전 마당을 걸었다
목련꽃이 만개한 나무 밑을 지나면서
스님께 여쭈었다

"스님"
"어떻게 사는 것이 가장 잘 살아가는 걸까요"
"소욕지족小欲知足이죠"

나는 돌아서면서 손사래를 쳤다
수많은 꽃들이 피어난 봄이구나

비

나는 비를 본다
빗방울도 본다
오늘 나는 비도 보고 빗방울도 보면서
빗물에 마음을 씻어 내린다
나무도 집도 설익은 고뇌를 씻어 내린다

비를 봐도 비의 마음은 보이지 않고
두둑두둑 빗소리만 들린다
빗살무늬 하늘 길에 당신이 보이는데
비의 마음은 보이지 않는다

대형마트의 유혹

자동문이 스르르 열리면서
나는 바람처럼 밀려 들어간다
네가 원하는 것이
나의 지갑 속 화폐라도 좋다
대형마트 안에서 왕이 되어 구석구석을 탐한다.

고객님
이것 시식 하세요 고객님 이것도 드세요
미소 띈 따뜻한 목소리가 나를 부른다
그들은 그의 왕에게 어떻게
우리를 정복하라는 교육을 받았는지
언제나 웃음과 친절을 판다
처진 어깨를 들썩이며 굳은 근육이
마취에서 풀리듯이 말랑거린다

우아한 모습으로 계산대에서 바코드를 찍고
왕의 자리를 내려놓고는
낮은 문턱을 나와 시민들 속으로 사라진다

어느 날 또 왕이 되리라

국화꽃 당신

당신은 국화꽃 같은 사람
은은한 향기와
따뜻한 웃음을 주고
가을 냄새 가득한 들판에서
행복을 말해주는 사람

그대는 세상에서 가장 가까운 친구
중년 고개를 지나
노년을 바라보며
보폭을 맞추어가는 우리

붉게 물들어 가는 당신과 나
거친 들판을 지나
꿋꿋한 자세로 서 있는
당신은 국화꽃 같은 사람

날고 싶은 민들레

가장 아름다운 얼굴로 서 있었다
동그란 생명들을 머리에 이고
누군가의 옷깃에 묻혀
건조하고 삭막한 어디라도
바람 불며 떠나간다

나의 고향은 척박함이야
끈끈이 살아가는 게 우리의 습
어느 밤하늘에
슬쩍 묻혀가 꽃피우고 싶어
꿈은 용기 있고 단단하게 꾸는 것
메마른 땅위 어디라도
나는 꽃피울 수 있는 민들레야

2부

이것이 나의 삶

이것이 나의 삶

부드러운 바람에도
내 눈은 촉촉이 젖어들어
들꽃향기 찾아
이 세상 끝이 어딘지
둥글게 살았는지 바람에게 물어 본다

가슴에 있는 저 깊은 곳
무엇이 이렇게 젖어 들게 하나
지금 내 안에 숨어 사는
검푸른 고통
꽃으로 살고픈 아름다움이여

내 누추한 변명
내 가난한 운명
그건 꽃이고 바람이다
그래도 이것이 나의 삶

사노라면 누구나

어느 날 그대 떠나가고
그래도 계절은 가고 꽃이 피네
저녁노을 속 붉은 꽃송이
심연深淵의 아득한 곳 출렁이더니
욕망 한 조각 잠이 든다

떠나는 것은 이별이 아니라고
진실 앞에서 굴복하고
핏방울 같은 눈물을 닦아내었다
너에게 스며드는 동안
차가운 겨울도 보고 봄도 보았다

가슴이 시리도록 아파질 때
참 나를 볼 수 있어 향기로웠네

행복 가까이

아픈 손가락 하나 있어
극락암 가는 길
행복이 아득하게 밀려오는 극락암길
줄지어 늘어선 활엽수들이
저들끼리 손을 흔들며 인사하던 길

하늘이 낮아
까치발로 서면 손닿는
차고 깊은 공기 속으로
저녁햇살이 주머니 속으로 들어와
아픈 손가락 하나 만져 주었지
다섯 손가락 잠드는 밤에도
한 손가락 내 가슴에 있었다

언제쯤
너울바람 불지 않는
따뜻한 아침이 올까
몸살 같은 사랑이 찾아오는 날
나 한 마리 새가 되리

다림질

탱탱한 빨랫줄에
날개를 접지 못한 무지개빛 옷들이
바람에 춤을 춘다
따가운 햇볕을 마음껏 마시고 난
빨래를 한 아름 안고 돌아설 때
행복했던 포만감

대청마루에 던져진 옷가지를
손질하며
삶의 향기 곳곳에 피어나고

다림질을 하다 주름이 사라질 때
내 마음도 예쁘게 피어난다

옥양목의 추억

흰 옥양목 저고리 입고 다듬이질 하는 엄마
늦은 밤 호롱불 아래 춤추는 두 팔이
관객 없어 외로운가

먼 곳의 개들이 목청을 돋우고
잔별들이 후두둑 쏟아지네
치마폭에 슬픔과 외로움 담아
마음 밖에 버리고 멍하니 하늘을 쳐다보네

엄마는 왜 옥양목을 두드릴까
눈을 감고 다듬이질 하는
엄마 눈이 붙어버렸나

옆에 앉은 나는 꾸벅 단잠을 잔다

아들아

후두둑 새 한 마리
날아갔다.
온전한 안식처로 날개를 펴고
내 아들로 살아주어
고맙고 미안쿠나

자식을 그리워하는 어미의 가슴이 멍먹하다
더 잘해줄걸 하는 후회는 어리석다
비상하라
아들 딸 낳고 웃으며 살아라

높은 산에 잔서리 남아있어
가슴이 시리다
자꾸만 목련꽃 같은 순백의 눈물이 나는 것은
너를 사랑하기 때문이야
행복하길 바란다

너의 반쪽과….

하늘

딸아
외롭고 삶에 지치면 하늘을 봐
너의 얼굴 나의 얼굴 예쁜 꽃모양
각양각색의 구름들
해질녘 구름은 붉게 물들어
너무 아름다워
일출도 장관이지만
해넘이도 장관이야
밤이면 하늘에 별이 가득

딸아
바쁘더라도 하늘을 보는
여유를 가지고 살아야 돼

죽어서도 눈물뿐인 너

마음의 느슨한 틈새로
한 번도 만나보지 못한 네가
총칼을 들고 다가섰다
너의 모습은 낡고 추해
억겁의 세월이 지나도
보고 싶지 않다

꽃피고 봄이 오는데
사람은 사라지고
신음소리 고개를 넘나드네

너의 한이 무엇이기에

간절한 마음으로 기도하는 우리들을 보라

슬픈 눈빛을 하고
앙칼진 너의 마음을 어루만지며
잘못된 너의 행동을 질책하며 떠나가라

닳을 대로 닳은 몸
쇠락한 너의 모습
이제는 마주하지 말자
연분홍 꽃잎 같은 눈물이 흐르는 것은
너를 천도하여 보내려는 거다

코로나19
떠나간다.

심화요탑心火遶塔

한 줌의 재처럼 야위어만 갔습니다. 차가운 땅에 뿌리 내린 영묘사靈廟寺 탑 아래 잠들어도 제 몸의 더운 김이 탑을 휩싸고 도는 밤 연정의 마음이 어둠을 밝히고 연등燃燈처럼 속으로 불을 키우고 싶었습니다.

장육삼존불丈六三尊佛 아래 엎드린 당신의 아름다움 마음 다스리는 일이란 아득하기만 해서 한 꺼풀을 벗기면 또 다른 벌거숭이의 마음이 산짐승의 눈빛처럼 어둠을 밀어내며 뜨거워 오는 것을.

당신의 따듯한 손 그늘 아래 아득하게 몸을 뉘어보는 밤 웅크린 마음을 덮으면 덮을수록 깊숙이 불타오르는 쇳물처럼 넘치는 뜨거움 연정戀情이란 마음 불태울 심지 하나 내어주는 일인 것을.

나는 활리역活里驛의 지귀志鬼 당신은 저를 화마火魔라 하셨습니다 발화發火하는 마음이 범람해 탑을 휩싸고 돌아 스스로도 감당하기 힘든 어지러운 맹목盲目의 마음이 죄라 하셨습니다.

그러나 내겐 여전히 너무나 높으신 당신, 몸으로부터 깃든 죄를 벗는 소신공양燒身供養 조차 미천하고 낮아서 당신의 몇 줄 주사呪詞 아래 고분고분 누워 식어가는 제 사모思慕의 마음만은 영겁永劫의 빚깔입니다.

고산준령에서

나는 산속으로 들어가고 있다
고산준령의 기운을 안고
푸르디 푸른잎 밟아가며
구름강 속을 걸어
엽록소가 파괴된 산을 오른다

근엄하고 신령스런
그들 앞에서 사랑한다고 사랑한다고
천만번을 외쳐도
그는 묵묵히 말이 없다
나의 궁기는 감추었건만
허기진 뱃속이 더 든든해지는
이 깊은 산골의 힘은
이 세상이 미워서도 아니고
이 세상이 싫어서도 아니고

건조하고 삭막한 그 집으로 돌아가기 힘들어
언제일지 모르지만 예약된 죽음
예약된 시간을 향해 달려가는 우리
고산준령에서 내 안의 비린내를 모두 씻어내고
선정에 들고 싶은 마음

참나무 목피처럼 거칠어진 나
섬세하게 반짝이는 별 같은 꿈

물의 정원에서

왕버들 나무 밑에 누워
눈을 감고 초록의 잎들을 바라본다

녹색 꽃 한 무더기 가슴에 안긴다

한 번도 바람에 할퀸 적 없는
미풍에만 살랑거리던 모습으로
춤추는 왕버들잎
잔잔한 물결에 잎이 젖어들 때
초록 반짝임에 눈이 부신다

나만의 꽃

하얀 목련꽃에 눈이 시리다
그리운 얼굴들이 도란도란 앉아
소소한 삶을 산다

자기 인생의 꽃
언제나 피우고 마는 꽃
시인이 되면서
나의 꽃은 시인으로 태어났다
잎이 피는 것은 자연의 순리
잎이 지는 것도 자연의 순리
순리대로 사는 것이 인생

바람에 잎들이 춤을 춘다

춤추는 마음

산에 가면 나무도 있고 풀잎도 있네
산바람 불면 낮게 낮게 내려앉는 내 마음
떠날 때는 혼자 빈손으로 가는데
그까짓 욕심 놓아버리자

둥글고 둥근 정오
태양도 바다도 둥글어
우리의 마음도 둥글어지네

하늘이 검게 눈을 감는 밤이면
저무는 산길에서 별도 보고 달도 만나
낮게 내려앉는 마음
산길에서 춤을 추네

감꽃

기억 저편에서
아련히 잊혀져갈 때쯤
어느 외진 길 위에서 만난 연노란 감꽃
수줍은 듯 입술을 모으고 누워
풀줄기에 감꽃 끼워 목에 걸고
손목에 꽃을 감아 여왕이 되던 날

세월 가는 것이 가슴 부풀고
아름다운 것이라 믿었지

감꽃 속에 추억이 뗏목처럼 흘러가고
어릴 적 친구
꽃 속에 포개져 손을 흔들었다

물의 삶

수도꼭지에서 물이 쏟아진다
내 얼굴의 화장을 다 지우고
민낯의 참 나를 본다

수돗물은 내 손을 벗어나
강에서 바다로 간다
꽃과 바람을 벗 삼아
지난날의 흔적 깨끗이 지우고
수만 번 돌부리에 부딪쳐

물은 그렇게 바다로 간다.

남산 부석浮石

얼굴도 몸도 세월에 맑게 씻어내고 단단히 틀어 앉은 석불石佛, 낮고 천천한 걸음으로 올라온 인간들이 떨구어 놓은 업보業報까지 단단하게 끌어안은 채 세상 밖으로 훨훨 날아오르고 싶어 까치발로 섰다.

성聖과 속俗은 버림과 쥐고 있음의 차이인 것을, 닫힌 문살로 비치는 햇빛 한 장 만큼의 차이인 것을, 저만치 미륵의 길을 걷는 구름 한 장 제 몸을 훌훌 털어내고 표표漂漂히 날아가고 있다.

그러나 나는 부석浮石, 먼 들판의 수건 두른 노모老母가 하루 일을 마치고 차려내는 인기척 없는 밥상을 지키고 선 감나무의 까치밥을 물기 어린 눈으로 들여다보다 한 걸음 뒤로 물러서 딱 그 만큼의 거리로 한 발은 땅에 붙이고 선 남산 부석浮石.

꽃게

수암시장 어물전
모두가 살아 움직이는 곳
삶이 고달플 때 이곳에 오면
나도 살아 파닥인다

좌판 위에 널린 물 좋은 꽃게
다리를 비틀며 떠날 준비다
반들거리는 두 눈이 나를 째려 본다
너를 탐하는 마음 알고 있나
외면한 채 다른 놈을 만져본다

바다냄새 파도소리가
실낱같이 들려온다
얼마 전 바다를 누비며
춤추던 찬란한 시간
지난밤 꿈처럼 멀어져 가는 바다

꽃게를 사 들고 막막해지는 마음
바둥거리는 것은 엉덩이를 때리고
저항하는 것은 쓰다듬고

꽃게의 깊은 울음이
좁은 부엌에 젖어들어
바다를 꿈꾸며
눈을 감는다.

연듯빛 시간

김옥란 시집

3부

그 산속에 무슨 일이

그 산속에 무슨 일이

늘 궁금한 것이 많아
저 깊숙한 산속 새들이 마지막으로
하는 말은 무엇일까?
잎들이 꽃들이 죽어갈 때
무엇이라고 할까?

보이지 않는 곳에서 행복과 슬픔이 터진다
지극히 단순한 나무들도 울기도 하고 웃기도 한다
오늘의 행복이 영원까지…
나는 늘 시행착오를 한다
수류화개다

깊은 산속에서 만난 새의 눈
그 눈빛은 언제나 형형하다
형형한 눈빛을 가진 새는 무슨 얘길 하나?

슬픔이 닿지 않는
그 산속에 무엇이 있나?

갈대

보세요, 당신이 제 몸을 이토록 깊게 하십니다. 이 단단한 비어있음 속에 당신이 오롯이 들어앉아 한철 넉넉하게 흔들어 주세요. 제 할 일은 오직 이 깊고 빈 방을 단단하게 움켜쥐고 지키는 것뿐입니다.

더운 그리움을 풀어 헤치고 새하얗게 각혈하는 제 몸을 보세요.

겨울비

– 보문단지에서

속수무책으로 타버린 삶
온종일 겨울비가 발목을 잡아
베란다 난간에 기대어
또 하나를 깨닫는다

깊은 물은 소리가 없고 흔들림이 없다
호수는 묵묵히 앉아 나의 가슴속을 들여다본다
내 피곤한 날갯죽지며 손가락 마디마디의 통증까지
어찌할까 어찌할까

혼자만이 차가운 겨울 빗속을 걸어본다
들릴 듯 들릴 듯 한방울의 절규로
산에도 들에도 내 신발 위에도

슬픔이라면 떨지 말고
소리쳐 울어라

구름 흩어지다

단말마의 울음보다 더 진한 오열
잠시 나를 잃어버리고
무지개 같은 황홀함 속에 오가던 영혼
한판의 난타를 치고 난 뒤 적막감이
온몸을 흔들어 세우던 그때

바람 불면 모아지고
바람 불면 흩어지던 구름
오늘은 이 세상 모든 것 저물어 가는 날
속바지 속치마 저 세상 옷을 입고
살아서 한번 입어본 적 없는 천상의 옷

다라니로 몸을 싸고
올올이 수놓은 모시 한 벌 감고
새색시처럼 말이 없는 엄마

죽고서야 곱디고운 옷 한벌 해드리고
살아서 생각 못 한 불효
아!
노도 같은 삶이여!
노도 같은 삶이여!
막막한 하늘 위로 새떼들이 날아간다.

산이 울던 날

– 태풍 마이삭

괴롭다고 말하지 마
따뜻한 햇살 너도 엉터리야

모두가 이 산에서 명상을 하고
삶을 이야기했지
밤사이 처절한 전쟁터가 되고
속절없이 허리가 꺾이고 목이 꺾이고
수많은 잎들이 땅에 누워버렸다

아무리 생각해도 삶을 찬미하던
그 길을 옛날이 되고 아픔이야
상큼한 산 냄새 대신 피비린내
너의 어디를 어루만질까
행복과 즐거움을 수없이 주던 너

산들바람 한 뭉텅이 내 가슴에 휘감긴다
살아있는 너희들 얼마나 두려웠을까

내 온몸으로 사랑했던 산
잠만 자던 내가 속절없이 부끄러워
태풍 마이삭
아픈 내 마음을 아느냐

어이할까 껍질 같은 삶을

치유의 숲길에서

그리움 가득한 목소리로
흘러간다
어디가 목적지인지
너도나도 모르면서
캄캄한 밤에도 쉼 없이 가는

유난히 길고 긴 계곡
어머니의 얼굴만큼이나 아득하기만 해
흘러가는 물이 온몸으로
나를 불러
고개 들어 찾아봐도
연정의 숲 위에 푸른 하늘이 웃고

삶이 무엇인지 모르면서
오늘밤 소리 내어 흐르는
너에게로 가고 싶다
하얀 절규로
눈물겹게 부서지고 싶다

아카시아꽃

비탈진 산길
남쪽으로 창을 내어
주저리 주저리 꽃을 피웠다

하얀 꽃잎이
향수보다 진한 그리움으로
바람에 날린다

영혼 속으로 파고드는 그 향내를
내 소중한 은쟁반 위에
구겨 담아
포만감으로 행복해지는 5월

돌고 돌아온 긴 시간
봄 한가운데 서 있는 아카시아 꽃

꽃으로 피어라

어둠이 무겁게 내려앉은 새벽
옆집 김씨 트럭에 소를 싣고
구포 도살장에 가고 있다
나는 관람객
어디로 가는지 알고 있는
바람 쐬러 나온 짐승이었으며
마음 둘 곳 없어
서로의 어깨를 맞대고
먼 곳을 바라본다.

도살장 앞마당
둥글고 큰 눈에 눈물이 그렁그렁
피보다 진한 눈물
꽃의 절정보다도
아침 이슬보다도

모든 것 놓아버리고
생의 마지막 시간
더는 흔들리지 말고
꽃으로 피어나라.

목련 피던 날

하얗게 풀어 헤쳤네
얇을사 가녀린 꽃잎
허공의 바람과 사랑하네
눈치 없이 입맞춤하다
꽃과 함께 떨어지면 어찌하나

바람에 흩어지는 너의 모습은
초로의 나의 모습
관절마다 삐걱이는 소리
흰 속살보이며 나풀거리는 치마폭
가버린 청춘이 아득해
부드러운 바람 스치기만 해도
저 목련 떨어지면 어찌하나

태양을 외면하는 너의 마음
알 길 없어
웅크리고 앉아 허공을 본다
하늘의 마음도 훔쳐간
너는 꽃보다 고와서 어찌하나

살아가는 힘

나이 칠순을 바라 보네
난 이렇게 오래 살 줄 몰랐어
너무나도 소중한 하루하루
얼굴을 어루만지는 바람
친구에게 걸려 온 안부전화
수다 떠는 재미

아직은 여자다
집에 놀러오는 사람
꽃꽃이 선생이라고
데리러 오는 사람
살아갈 힘을 주는 고마운 사람들
손주들이
밥해주기를 기다리니
꼭 필요한 사람
모두가 살아가는 힘이다.

산은 깊다

영취산 이름이 꽃 같다
올려다보면 갈 수 있는 산
골짜기엔 근육질이
단단한 산맥을 이루고
잃어버린 시간을 찾아가는 것은
달을 찾아가는 거리만큼 먼 거리

산은 쉽게 내면을 보여주지 않아
다람쥐 어린것들과 마주앉아
숨을 고른다
손을 더듬어 보지만
내 다리의 근육은 실종
오르지 못할 산이라면
그리운 사람과 명상에 들고 싶다
모든 것 내려놓고

너는 시퍼렇게 살아있는 젊은 심장과
산의 기운 받아
못 잊을 사람 생각하며
아름다운 영취산 기꺼이 밟아 보렴

흔적

한 달가량 빈방
세평 남짓한 방
차가운 냉기가 냉랭하다
반듯하게 정돈된 방에
엎드렸다 앉았다
어릴 적 아들이 구슬치기를 한다

잠시 머물러 있는 눈길
이유 없이 쏟아지는 뜨거움
우리는 잎새처럼
기대어 사각이며 사는 줄 알았다

너가 그리울 때쯤이면
장롱문을 열고 모두를 탐한다
연인과 밀회할 때 윤기 흐르는 미소를 보내던
그 미소
고통 없이 피어나는 꽃이 있는가

빛 같은 사람
찬란한 별빛 되어
모든 이의 가슴에 쏟아져라

그 여자 산에 오다

쥐치 빛 그 여자
설움 가득 안고 빈 의자에 앉아있네
큰 타올로 몸을 감싸고
유월염천에 내복 입고
자연인이라고 산으로 들어왔네
붉은 가슴 애달픔 어디에 두고 살아야 한다고
동그랗게 앉아 생계를 꾸리네

나는 보았다
나무가 저들끼리 두 손을 비벼대며
살려달라고 하는 것을
어느 나무에 기생해 살아도 좋다
허름한 부위를 감싸주고 싶다
마른 햇빛에 얼굴을 내어놓고
말라버린 참나무 껍질같은 온몸을
깊게 파고드는 햇빛

건강한 산은
건강한 인간을 만들어낸다고
기어코 잊을 수 없다
그 여자, 그 눈빛
그 여자 곧
꽃이 되고 향기가 되리

말話의 세계

그대여, 우리의 말話들은 언제 다 지워진 것일까요. 풍화작용風化作用에 닳은 석불石佛처럼 아득한 우리의 말들은 어디로 사라진 것일까요. 저무는 들녘에서 오래 전 잊혀진 노래를 불러보면 바람이 그대 계신 곳으로 묻히고 날아갑니다. 민들레 홀씨처럼 머물 수 있다면, 그대 잠들어 누운 보도블럭 아래 질긴 뿌리를 내리고 한 시절 다시 꽃필 수 있다면.

고압선처럼 얽힌 수많은 갈래의 말들이 흘러 다닙니다. 사나운 말들은 서로의 가슴을 할퀴고 마음 속 가장 높은 이상까지 파고듭니다. 향기 대신 피 냄새를 흘리는 진원지를 알 수 없는 말들이 화살처럼 무수히 내려꽂힐 때 저는 잠시 옛날을 생각합니다 말의 시대를 생각합니다.

하늘의 별과 달조차 말로 다스리던 시절, 지금은 그 말들이 고요히 발아래 잠들어 있는 곳, 분황사 터에서 천 년 전 세상을 떠받들던 곡진曲盡한 말들과 여항閭巷

을 떠돌던 순박한 말들을 생각합니다. 앉았던 자리마다 무심히 일어나 넘치던 이야기들과 범종처럼 속 깊이 울리던 말의 시대 순한 말들이 키워낸 오래된 나무들이 바람을 거스르며 일어나 소소소소 속삭입니다.

척판암

미어지는 마음으로 척판암에 올라서니
안개비에 젖은 마음 산골짝에 걸어두고

일그러져 내려앉는 나목의 파인 허리
억겁의 시간 속에 잎들만 무성해
세속에 물들지 말라고
또르르르 또르르르 또르르르

바람소리 거칠게 산등성을 넘나드는데
우뚝 선 바위에서 판자 한쪽 던지니

수천만이 뛰어나와 덩실덩실 춤을 추네
마음 여기 메어두고 바람처럼 어딜 가나.

그리운 그날

내 고향 매삿골은 꽃으로 담을 쌓고
이 골짜기 저 골짜기 붉디붉은 꽃잎들
달빛에 목청을 돋우는 산짐승
흙먼지 날리며 세상 저편에서 놀던 그때가 그립다

불꽃놀이 하다 정말 불이나 울부짖던 친구들
어느 집에 장가들어 행복하게 살고 있나
샘물보다 맑았던 그때가 그립다

철수와 순이
같이 어깨동무하고
들로 산으로 뛰어 다니던
그때 그 시절 서럽도록 아름답네
아지랑이처럼 피어나는 그 날을 차마 잊을 수 없네

내 고향

안동군 임동면 두메산골 18번지
좁은 길 가운데로 추억이 떠내려 온다
나무와 숲도 오롯이 서서 온다
그 흔한 나무 한 그루 제대로 보지 못하고
풀냄새 흙냄새도 맛보지 못한
철없는 소녀가 가엾다
숲의 행복 나무의 행복이 앉아
해맑게 웃고 있다
아낌없이 내어주던
이제야 몸 가득
산 냄새에 취해
산을 더듬는다

4부

정월대보름

정월대보름

내가 서 있는 전원주택 마당
발소리도 없이 검푸른 어둠이 쏟아질 모양이다
슈퍼문을 기다리는 마음은 꿈일까
통나무들을 이리저리 놓고
활활 타오르는 불은
젖은 하늘의 구름을 말리고 또 말려
둥근 달을 초대했다

붉은 불씨가 날아가
하늘의 별이 되고
달이 되었다
수많은 염원과
그리움의 얼굴로
쏟아져 내리는 은은한 사랑의 달빛
슈퍼문의 흰 손을 잡은 이 밤
이 순간만은
생의 치욕이나 어떤 거부가 아닌
기대에 부푼 날이고 싶다
숨죽이며 달빛 속에 서서
뜨거운 울음을 토해내고 싶다

가을 들판

추수가 끝난 마른 논 위에 서면 익지 않아도 고개가 숙여집니다. 대지가 길러내는 참으로 많은 것들의 이름들을 하나하나 호명呼名하다 보면 이름 없는 것들이 없음을 깨닫습니다. 각자의 이름을 달고 다시 대지로 돌아가는 허허로움, 불쑥불쑥 자라는 것들은 없어 삶의 허리 곳곳에 파인 생채기를 안고도 말없이 돌아갑니다.

그리고 발굴發掘되지 않은 지층의 어느 한 구석에서 이름 없는 순박한 백성의 눈빛을 불쑥 만납니다. 가을 물에 비친 햇살같이 욕심 없고 고분고분한 눈빛의 그들, 먹을 것 부족해도 웃음은 남루하지 않고 고소한 비계 냄새라도 맡은 날에는 절로 어깨가 들썩이던 욕심 없는 천 년 전의 옛날, 그들이 어린 것들을 낳아 기르고 다시 그 어린 것들이 어린 것들을 낳아 기르며 세상이 길러집니다.

벼 뿌리 움켜쥔 가을 들판이 말해줍니다. 뿌리 없는 자손이 없듯 내력이 없는 자리는 없는 것을. 벌판마다 봉분과 탑을 불쑥불쑥 세워두고 지하에서 천 년의 역사가 후손의 삶을 올려다봅니다. 지층 곳곳에 새겨진 발굴되지 않은 이름 없는 민초의 소담한 삶이 벼의 흰 속살을 따라 들여다 보일 것 같은 투명한 가을날입니다.

행복한 것 같아

30년 꽃과 함께
강산이 바뀌고
꽃잎 산처럼 떨어지고
꽃 앞에 머뭇거리는 동안
반백이 되어 버렸네

서로를 조율해가며
빈 가슴 채우려고
외롭고 답답한 가슴
여기 있노라고 외치며
파란 오아시스 위에
조심스레 수를 놓았지

삶의 절정이 어디쯤인지 몰라
솟구치는 마음
바람으로 일어날 때
내 마음 받아들인 꽃과 꽃잎들

그들과 손잡고 노는 동안
나의 생은 단풍이 들어버리고
침봉 위에서 오아시스 위에서
내 마음을 찾아
방황하지 않고
아무래도 행복한 것 같애.

가을소리

여름이 떠나는 건지
가을이 오는 건지
저녁이면 풀벌레 울음소리
귀뚤 귀뚤 귀뚤
도 도 도
쌕 쌕 쌕

가슴속에 들어와
내 별 하나 떨어졌다고
까칠한 손으로 내 눈물 닦아준다
오케스트라 반주에 맞추어
목청높이다 한 순간 뚝
적막감이 바다 같다

이슬을 먹고 사는 너희는 하늘 가까이 있어
바람도 보고 구름도 만나고
때 묻지 않는 청아한 노래를 한다.

풀벌레 너희들은 노래 하나로
허물을 덮고 살아가지만
나는 나로 인해 스스로 아픈 시간이 많아
빈가지에 앉아있는 나는 갈증으로 목마르지만
수많은 별들이 반짝이는 별을 사랑해

풀벌레 울음을 듣는 밤이야 맑은 들꽃처럼 웃고
나의 향기를 진하게 품고
새벽을 찾아간다.

무엇으로 회향하나

이른 새벽
새들의 노래 소리가
열린 창문으로
단잠을 깨운다
지저귐 요란하고 알 수 없는 언어
이 나무 저 나무에 걸터앉은
새벽합창단
숲속에서 노래하는 가날픈 소리
작은 몸에서 나오는 청춘의 소리

하늘은 잿빛이고 비올 것 같은데
나의 아픔 모두 닦아주는
부드럽고 청아한 노래는
오늘 나의 삶을 향기롭게 한다

그사이 빗방울 하나둘 떨어져
그 노래 멈추고 이 빗속에 어디로 가나
내 영혼 살찌우고
너에게 무엇을 회향하나

노랫소리 죽음같이 조용하고
빗방울 떨어지는 이 새벽
어디로 날아 갔나.

밤에 핀 꽃

나는 당신을 닮았지만
결국은 당신이 아님으로 인간이야
검고 끈끈한 밤들이 다가올 때마다
두 눈을 감고 잠들어 있는 꽃들
연약한 향기만 바람따라 흘려보내고
흔들림 없이 그곳에 있다

차가운 바람에도 꽃으로 피어나는
끈질긴 당신을 생각하며
나는 가끔씩 두통으로 누워
어둠속의 꽃을 생각한다

꽃상여

– 아버지 떠나시던 날에

피는 꽃잎보다 지는 꽃잎이 더 아름다워
잡초보다 모질게 살다
환상의 아름다움으로
이 세상을 떠나네

송이송이 꽃을 달고
선창하는 소리에 맞추어
어야 어야 어야 어허이야

살아온 세월 힘겹고 서럽지만
떠나는 사람은 말이 없고
보내는 사람은 눈을 감고
산새도 들새도 숨을 죽여

님의 꽃상여는 돌고개를 넘어간다.

내일을 바라보는 잔잔한 눈동자
태양은 다시 떠오른다고
개망초 꽃길을 열어가는
애달픈 하루

겨울 나뭇잎

잎들이 찬바람에 난타를 당하고
모서리에 쓰러졌다
굶주린 배를 하늘에 열고
마른 몸을 떨며
소리 없이 울고 있네

몇 달을 떠돌다
기어코 재가 되어
누군가의 발밑에서
또 한 번 재가 되는 질척한 일생
잎들아 울지 마

나도 언제나 몸을 낮추려 하지만
가슴속에 자라는 잡초 같은 풀
언 땅 밀고 오는 초인 같은 힘

서럽게 펄럭이는 가난한 가슴
고달프고 서러워도 울지 않는다

우리 서로 바라보며
이름을 불러보자
따뜻한 숨소리 그리운
겨울나뭇잎

분홍빛 마음

당신이 내 작은 가슴에 노크도 없이
들어 왔습니다
닳을 대로 닳고 누추한 곳이지만
꽃잎을 깔아 당신을 영접하고 싶습니다
열애라도 좋고 우정이라도 좋아요
따뜻한 봄볕이라고 속삭이고 싶습니다

산다는 건 스스로 아픈 시간이고
부서지며 태어나는 파도처럼
바람으로 흩어지는
우리의 삶이죠
사람답게 사는 것도 힘들고
순박한 얼굴도 힘들지만
오늘은 들꽃처럼 웃고 싶습니다.

멧비둘기

멧비둘기가 운다
우리 마을 앞산에서
낮의 곳의 삶
슬픈 목소리
신음하듯 노랫소리 바람에 날리고
가난과 상처를 덮고 살려고
오늘도 울고 있는 멧비둘기

멧비둘기가 운다
우리 마을 뒷산에서
눈물이 떨어져 들꽃으로 피어나고
나는 세상 떠난 울 엄마 찾는다
어차피 이별을 알아버린 나

멧비둘기가 우는 날에는
바다되어 출렁인다

다육이

넓은 베란다에 얌전히 앉아 있는 다육이
얼굴이 작아 사랑스럽고
조용히 생각에 잠긴 네가 좋아
잠들 때도 깨어날 때도
너를 보고 웃어버리는
끈끈한 너와 나의 사랑

목을 길게 길게 뽑아
긴 머리 늘어뜨리고
탑을 쌓아 올린 듯
꽃대는 마음이 가는 데로 구불구불
단장하지 않는 네가 좋아

푸르고 싱싱한 숨소리
꽃보다 아름다워

떠나는 기차

누런 들판 사이로 기차가 달린다
어디가 종착역인지
긴 몸을 꿈틀거리며 꿈을 실었다
김밥기차 석탄기차…
까치발로 서서
유리창을 두들기는 우리 아이

언제였을까
알 수 없는 가을이 고개 숙이고
모닥불 같은 나의 마음
그래도 알알이 여물어 가네
언젠가는 떠나갈
나의 가을이여

그립고 그립습니다

지금 이 순간

– 코로나 속에서

지금 우린
한 번도 오지 않는 오지에 왔다
어디가 낭떠러지고
어디가 늪인지
우린 모른다
자욱한 안개 속
어디로 가야할지
막막하기만 해

소리 없이 무너져 내리는 사람들
두려움 우울 좌절
나만이 아니고
모두가 그런 거야
밤늦도록 신음하는 것도
어둠을 불태우는 것

어느 변두리쯤에서 반짝이는 섬광
빛의 희망이여!
우리에게로…

마음

가까이 있지만 만질 수 없는
내 안에 있지만 어디 있는지 모르는
찾을 수도 잡을 수도 없는 마음
어느 곳에 매어두어야
한곳에 머무를 수 있을까

갖고 싶다고 가질 수 없는 마음
온종일 마음을 찾아다녔네

떠나는 당신

헤어짐이 이리 빨리 올 줄도 모르고
어쩌다 당신을 가슴에 담았습니다
떠나는 당신은
바쁜 일상 속에서
가끔은 생각하겠지만
나의 마음을 오랫동안 아픔으로 나부낍니다
내어준 마음을 거둘 줄 모르니
그리움에 서성이겠지요

만날 때 헤어짐을 조금도 염려하지 못한지라
더욱 놀란 것 같습니다
봄바람에 꽃잎이 지듯
후두둑 떠나는 당신
속수무책으로 이별을 맞습니다

눈물

온종일 비가 옵니다
하늘에도 슬픈 얘기가
많아 비가 옵니다
내 가슴에도 눈물이 많아
가끔씩 비가 되어 흐릅니다

비가 온 뒤 하늘은 맑고 투명합니다.
울고 난 뒤 내 가슴은 깨끗이 정화됩니다

아쉬움을 남기고 간 당신이
돌아왔을 땐
반가워서 울었습니다.

봄의 아침

텅 빈 거리
아침 햇살이 회색빛 빌딩에
살금살금 내려와 앉는다

긴 기다림이
한줄기 빛으로 다가와
한 포기 베고니아를 심는다

연약한 몸을 길게 뽑아내면
푸른 여름

둥글고 싱그러운 이파리 사이로
한 송이 꽃을 피운다

5부

들어보자 나무의 말

들어보자 나무의 말

나무인 나를 그냥 두어 줄래
매달려 내 허리 더듬거리지 마
구석구석 멍든 것을 사람들은 몰라
번번이 슬펐지만 나는 울 줄도 몰라

온 종일 서서 바람에 흔들리고
사람에 밀리고
밤이면 사나워진 잎을 세우고
밤하늘의 별을 봐
어떤 권리도 없고
사랑받고 싶어하는 애견처럼
그 자리에 그냥 서 있어

면접에서 떨어지면 내 생명은 끝
무심하듯 서 있지만
어둑어둑한 마음인 걸
눈물처럼 여린 이 몸을
다시 한 번 생각해줄래

영원한 이별

– 시동생을 보내며

그대 떠나고 나는 글을 쓰네

잘 가라 잘 가라 검은 밤들아
세상을 두들기는 거센 빗줄기들
아무것도 모르고 영정을 받들던 꽃들이여

잘 있거라 잘 있거라
분분한 추억을 어루만지며
먼 곳으로 그대를 보낸다

님의 사랑

신선산에 오르면
행복해지는 길이 있다
아무도 막을 수 없는
아름다운 길
뜨겁고 가쁜 숨을 몰아 쉬며
아직도 못다한 그리움 하나
님과의 사랑 풀잎마다 새기며
그리워 그리웠다고

영영 먼 곳에서 헤매더라도
붉은 뜨거움으로 각혈하면서
나의 흠결 너그러이 닦아주던 님
한해살이 풀들이 그리워지는
사랑은 아름다운 것

겨울 앞에서

사각이며 옷 갈아입는 허공 속에서
늙고 병든 풀잎들의 슬픔
메마른 땅위에서 풀어헤친 울음
그래도 순간순간이 눈부시다

겨울은 왜 모든 것에
쓸쓸함을 더해주나

관절 마디마디가 부어올라도
구멍 난 가슴을 채운다면
새떼들이 줄지어 어디로 가든
황홀한 모습
연약한 향기 하나 없는 들판에
내 남자가 온전히 나에게 온다면
작은 들꽃처럼 웃고 싶다

시어머니

여행가방 들고 어머니 찾아
남편이 떠났다
오밤중
전화기 틈새로 어머니 목소리
"니도 오지 니도 같이 와야지. 죽으면 그만인데 오너라"
"예 어머니 갈게요"

시누이 둘 어머니 받들고
미안코 감사해
아름다운 가을
어머니도 사랑하고
시누이도 사랑해

모자람이 많은 저를
이 가을 용서하세요

온몸으로 버텨도
들국화처럼 피었다지는 인생임을

내가 만난 의사

어느 날 홀연히 당신 떠나가고
겨울이 왔습니다
아무리 찾아도
그때 그 겨울이 아닙니다
개나리 피고 벚꽃이 피고
장미도 피어나는
참으로 다른 겨울입니다

납덩일 삼켰는지 가슴이 답답하고
눈에 가시가 들어갔는지 잠을 못자니
나는 철없는 아이
당신의 책상 위에 청초한 꽃꽂이를 본 순간
속절없이 얌전한 여자가 되어

당신은 내가 꽃과 함께 사는 걸
어찌 알았을까요

섬세한 말 말 말
우리들의 마음을 어루만지고
마음의 상처를 눈빛으로 닦아주는
어떤 말에도 담담한
그런 사람이고 싶습니다

산같이 우직한
끈끈한 사랑뿐인 사람이고 싶습니다.

거목

– 후쿠오카에서

처음 너를 본 순간
웅장함에 반해 버렸어
멋있게 성장하고 철이 들어버린 너는
가지와 잔뿌리들을 잠재우느라 분주했어
겨우겨우 살아가는 것이 아닌
당당한 삶이었어

장하도다
천오백 년을 살았다니
근엄하고 장엄해서 작아지는 나
즐비하게 서 있는 산 같은 나무들
산들바람에 잎은 춤추고
너를 보며 가슴이 뜨거워

맑고 투명한 수액으로 잎을 피우니
난산하는 나무의 비명이
애잔하기도 해
따뜻한 햇살너머로

축축한 안개 너머로
비릿한 새순을 토해내는 너에게
내 모두를 주고 싶다

그래
눈물 없이 우는 너를
나는 알고 있어
가슴으로 울고
잎은 언제나 하늘 거렸지
깊게 깊게 생각하니
너도, 나도
구석구석 슬픔이구나
사랑한다는 내 말 듣고 있니
잊지마

불국장터 우리 할매

한평생 불국장佛國莊나가 양말 팔던 우리 할매 늘어진 눈꺼풀처럼 눅진눅진한 땅콩엿이 세상에서 젤 맛난 거라고 즐겨 사오던, 언젠가 경주 소풍 갔다가 먼발치서 보기만 했던 우리 할매, 괜찮다 괜찮다. 다 내가 못난 탓이다. 입버릇처럼 얘기하던, 그러다 무릎이 닳아 내려 설 수 없었던, 장터에 앉은 자세 그대로 불상佛象이 되어 버릴 것 같던 우리 할매,

불국사 단풍나무 붉은 그 자리, 이제 막 단풍잎 떨어진 자리가 비어서 눈이 시리다.

담쟁이

잡지 않으면 떨어지는
죽음 같은 절박함

얼마나 가슴이 뜨거웠으면
담벼락에 집을 지어
초록이 흐르는 갈래갈래 넝쿨
오열하듯 달라붙어
모질고 끈질긴 삶

뜨거운 햇살에 시들지 않고
알알이 달라붙어
담쟁이로 살아가는 너

나
새 눈빛으로
널 다시 보려 한다.

바람과 햇빛

베란다 의자에 앉아 눈을 감아본다
어둠에서 어둠으로
부서지는 파도 소리를 껴안고
마음을 다듬어 본다
그래도 꽃을 피울거야

유리문으로 들어온 바람과 햇빛이 말한다
인간은 다 외로워
어차피 혼자야
다 그런 거야

보이지 않는 아득한 그리움
모닥불로 피어나고
세상의 모든 아름다움
외로움에 젖기도 해

오늘
넉넉한 봄 햇살이
심장을 감싸 안고
나의 모두를 녹였다
언제쯤
말 한마디에 몸부림 치지 않는
지혜로운 사람 될까.

요양원의 하루

낮도 밤이요, 밤도 밤이다.
병들어 얻어 가진 침대 한 칸에
휴지처럼 구겨 누워

대화는 멈추었다.
내말은 떠도는 메아리.
민들레 씨앗처럼 추억만 난무하고

온종일 기저귀를 차고 있는
축축한 몸
비에 젖은 낙엽처럼
공허한 시간
그래도
닥아 오는 또 다른 아침

웃음도 눈물도 없는
무의미한 하루

혼자서 오롯이 넘어야할 산

잔잔한 애상이 가슴을 밀고 온다.

행동이 하는 말

마지막 능선을 넘는 듯
숨소리가 거칠다
무의식의 세계로 들어간 듯
십여 일 반응이 없다
선정에 들어 살아온 날 정리하는 걸까
그리운 사람 기다리는 걸까

손주들이 외할머니를 만나고 난 뒤
곧
숨소리 멈추고 막이 내렸다
꽃잎 맥없이 떨어지고
구름이 흩어졌다

말만이 말이 아니다
엄마의 행동이 더 많은 말을 했다
보지 않고는 갈 수 없는
만나야만이 훌훌이 떠날 수 있는
끔찍이 사랑했던 외손주들
그 목소리 듣고 허공을 깨고
걸어갔다

북대암에서

가을이면 다시 오리라던 북대암
울창한 암벽산맥
줄줄이 흘러내리고
팔을 펴면 잡을 수 있는 하늘
싸늘한 바람에 낙엽들이 분분하다.
어디로 가야할지 갈 곳도 몰라

능선에 앉으니 천길 바람이
온몸을 감싸 안아
작게 내려 앉은 운문사
햇살보다 눈부시게 가슴으로 달려온다

맑은 웃음 펄럭이며 북대암에 기대어
셀 수 없는 추억들을
하나
둘 꺼내보니
적막 같은 시간 속에
눈물이 글썽글썽

낮과 밤
허공을 껴안고 뒹구는 한 생애
이슬보다 아름다운 북대암

여름의 절정

육천도 태양이 정수리 위에서 꿈틀거린다
길 위의 풀들이 등을 펴고 누웠다
이리저리 누워 헐떡인다

저 시들어가는 풀들에도 영혼이 있다
울지도 못하는 영혼
더는 버틸 수 없고 숨 가쁘다

들판은 말라버린 잎사귀들 뿐
부들부들 떨며
죽은 듯 엎어져

너희는 멸망하지 못한다
새벽이면 이슬에 고개를 들고
휘어진 몸을 일으켜 세우는
차가운 바람이
가슴 가슴으로
쏟아져 내릴거다

내일은 천둥치고 비가 온다는 뉴스속보
여름의 절정은 이제 고개를 숙이고
뚜벅뚜벅 걸어간다

그 꽃길

강쪽으로 귀를 열고
웃음소리에 살짝 눈을 감는다
아무런 뜻도 없이 건던 한 시절
철이 들어 많이 커버린 아이처럼
지금은
하늘이 그립고
꽃도 그립고
바람도 그리워

희미한 낮달처럼 아름다운
그 꽃을 찾아간다
가을이면 앙증맞게 피어있던
며느리밑씻개꽃
하나둘 모여 동네를 이루고
환상적인 모습으로 꽃길을 이루었네

능소화

누런 책갈피 사이로
추억이 잠들어
떠나질 못한다

가늘게 떨던 꽃잎도
떨어져 버리고
가슴과 가슴에서 서성이던 추억은
울컥 울음을 토해내
땅을 껴안는다

돌담장 위에 님그리워 꽃으로
피어있는 능소화
향기보다 진한 능소화의 미소
기다림의 그리움을 주렁주렁 달고
이글거리는 태양 아래서
시들지 않고 떨어지는
너는 여름의 여왕.

| 평 론 |

생명의식과 시적 상상력

박 미 정
시인·문학평론가·문학박사

꽃들의 순산과 난산이 교차되는 시간(「꽃 그리고 봄」에서)
뜨거운 울음을 토해내고 싶다(「정월대보름」에서)

김옥란의 시는 자연의 생리를 응시하면서 생명의 근원을 그대로 감득하고 있다. "연정의 숲 위에서 푸른 하늘이 웃고"(「치유의 숲길에서」에서), "웃음을 먹고 사는 너희는 하늘 가까이 있어"(「가을소리」에서), "하늘에도 슬픈 얘기가"(「눈물」에서)라고 하여 그의 시는 자연과 생명의 관련성으로 절대적 관계를 맺고 있다는 생각을 굳게 해 준다. 그러나 통시적 동일성으로 설명될 수 있는 '하늘'은 자아의 통합의지가 만들어 내는 것이기에 허황되지 않다. 그러므로 그의 시는 삶 속에서의 성실성이다. 생명에 관한

한, 현실 속에 매개시키려는 노력은 지속적인 형태로 변주된다. 또한 현실 속에서, 생활과 일상의 구체성 속에서 자연과 생명을 분리시키지 않는다는 점이다.

부드러운 바람에도
내 눈은 촉촉이 젖어 들어
들꽃향기 찾아
이 세상 끝이 어딘지
둥글게 살았는지 바람에게 물어 본다

가슴에 있는 저 깊은 곳
무엇이 이렇게 젖어 들게 하나
지금 내 안에 숨어 사는
검푸른 고통
꽃으로 살고픈 아름다움이여

내 누추한 변명
내 가난한 운명
그건 꽃이고 바람이다
그래도 이것이 나의 삶

–「이것이 나의 삶」 전문

이 시에서 시인이 궁극적으로 만나고자 하는 "삶"은 어떠한 것일까. "부드러운 바람에도" 반응하는 적극적인 자연과의 소통을 보이고 있다. 바람의 자극을 눈으로 받아들이고 대상화된 것은 풍경이 아니라 들꽃의 생명현상을 내재한 향기를 견인한다. 시인의 탐구는 "이 세상 끝이 어딘지"에 집중한다. 이러한 시인의 태도는 이웃과 타자에 대한 관심이라고 볼 수 있다. 그러나 "어떻게 살았는지"가 아닌 "둥글게 살았는지"의 목소리 톤에서 타자에 대한 불확실성 보이고 있다. 그것은 미지의 세계를 연관하려는 데 있어 일종의 불안으로서 의미는 감소될 수밖에 없다 그러나 "지금 내 안에 숨어 사는/ 검푸른 고통/ 꽃으로 살고픈 아름다움이여"라는 화해의 관계를 구성하여 시적 역설이 태동하는 지점을 만들어 주목된다. 이러한 정황에서 "내 누추한 변명/ 내 가난한 운명/ 그건 꽃이고 바람이다"라고 하여 삶의 깊숙한 곳을 포착하는 시인의 시적 내러티브는 답을 구하여 나의 삶의 이미지는 아름다운 꽃과 바람의 결핍으로 그려진다.

나무는 지금 출산 중이다
건조하고 마른 공기 속으로
마른 몸을 틀며 새잎을 난산하는
나무의 비명이 숲을 적신다.

까마득한 땅 밑
먼 뿌리부터 저려오는
아득한 산고
바람은 갓 태어난 새순의

젖은 몸을 말리고
더운 비를 불러 산모의 밑을 씻는다.

고통의 끝에 닿아야
비로소 어머니라는 이름을 얻게 되는
아프지 않으면 얻을 수 없는
여자의 생애를 나무는 가만가만
제 몸을 덮어오는 졸음 같은
안개 속에서 들려주는 것이다.

더운 느낌 가득한 오월

–「오월」 전문

이러한 시에서 볼 수 있듯이 구체성은 자연을 의인화하여 봄의 생명과 내밀한 관계를 지니고 있다. 의식의 '난산'과 '무의식'의 '비명'은 고통과 불행의 변증법이 요구되는 것이 아닐까? "까마득한 땅 밑"이라고 시적 화자는 답한다. 분명 현실이 아닐 것이다. 그러나 타자의 결핍은 나의 결핍이다. 시인은 구체적인 것의 진실을 추구하는 방식을 선택한다. "고통의 끝에 닿"는 출구에는 '어머니'가 있다는 즉시성에 의미를 부여한다.

"비탈진 산길/ 남쪽으로 창을 내어/ 주저리주저리 꽃을 피웠다// 하얀 꽃잎이/ 향수보다 진한 그리움으로/ 바람에 날린다// 영혼 속으로 파고드는 그 향내를/ 내 소중한 은쟁반 위에/ 구겨 담아/ 포만감으로 행복해지는 5월// 돌고 돌아온 긴 시간/ 봄 한가운데 서있는 아카시아 꽃”(「아카시아 꽃」전문)에서 “아카시아 꽃”은 시인이 가장 이상적이라 생각하는 존재의 표상이다. 삶과 연결되는 정서가 지배적인 그리움, 행복 등 인간이 가지고 싶어 하는 내부의 연단으로 연결되어 “봄 한 가운데서” 있다는 의미로 비약한다. 이는 시간적인 ‘오월’의 인식을 재인식하고 자연세계를 감응하는 일로 나타난다.

만월의 밤하늘이 차고 깊은
동궁월지
왕과 세자의 한가로운 산책시간
민초의 스산한 눈동자가
길가에 늘어섰다
생각들이 쌓여 물이 되는 동궁월지

노란 스카프를 두른 수선화가 웃고 있다
누각이며 꽃들이
아름답구나
부처님과 하늘에 기도를 올리고 싶다

세자야
우리는 꽃과 함께
저렇게 소리 없이 저물어 간단다

수선화가 혼자 피었다가 혼자 지는 걸 보라
위대하고 아름다운 일이야

―「연둣빛 시간」 전문

이 시는 상상의 세계가 열려 있다. "만월의 밤하늘이 차고 깊"다는 바깥의 풍경을 "동궁월지"에 투사하여 안과 밖의 경계가 무너진 시간 속으로 들어간다. 대상을 전제로 하고 있는 상상력은 동궁월지에서 '왕과 세자'를 의식하게 하고, 현실과의 거리에 기여하는 시간 또한 만들어 내어 황당하지 않다.

여기에서 강력한 플롯을 가지고 있는 것은 "한가로운 산책시간"과 "스산한 눈동자"이다. 이 사건은「연둣빛 시간의 뼈대로서 그중 어느 하나라도 잘못 옮기면 전제가 일그러질 수 있다. 그럼에도 불구하고 '생각'이라는 관념적 언어를 피력하고 고뇌하는 모습을 표상하여 상상력을 극명하게 드러내고 있다고 하겠다.

이 같은 생명력은 "수선화가 웃고 있다"로 연결되어 수선화의 상징인 외로움을 역설하여 시를 더욱 튼튼하게 하고 있다. 통찰보다 더 중요한 정신활동이 있다면 그것은 상상력이라고 한다. 시인의 상상력은 비극적 현실에서 오는 슬픔을 극복하고 "아름답구나"의 경지를 이끌어 "부처님과 하늘에 기도를 올리고 싶다"라고 하는 자각을 천명하고 있다.

결국 「연둣빛 시간」은 시의 창작은 주관적 사고의 상상력으로 펼쳐진다는 이론적 정의의 일부를 살펴보게 한다. 사유라 할지라도 논리적이지 않고 사건을 대응하기보다는 하나 됨을 지향하고 있다. 마지막 연에서 수선화가 혼자 피었다가 혼자 진다고 하였다. 연둣빛을 대하면서 그 내부에 용해되어 있는 시간을 자발적으로 표출하는 시인의 개성은 상상력의 발로로 시세계를 이룩하고 있다.

나는 산속으로 들어가고 있다
고산준령의 기운을 안고
푸르디푸른 잎 위태로운
구름강 속을 걸어
엽록소가 파괴된 산을 오른다

근엄하고 신령스런
그들 앞에서 사랑한다고 사랑한다고
천만 번을 외쳐도
그는 묵묵히 말이 없다
나의 궁기는 감추었건만
허기진 뱃속이 더 든든해지는
이 깊은 산골의 힘은
이 세상이 미워서도 아니고
이 세상이 싫어서도 아니고
건조하고 삭막한 그 집으로 돌아가기 힘들어
언제일지 모르지만 예약된 죽음

예약된 시간을 향해 달려가는 우리
고산준령에서 내 안의 비린내를 모두 씻어내고
선정에 들고 싶은 마음

참나무 목피처럼 거칠어진 나
섬세하게 반짝이는 별 같은 꿈

–「고산준령에서」 전문

"나는 산속으로 들어 간다"는 것은 생의 여러 양상의 일부이지만 생명을 존재하게 하는 이치를 통합하는 의미를 지닌다. 여기서 통합은 단순한 수사학이 아니다. "고산준령의 기운을 안고"는 자연과 생명의 세계를 인식하는 각성의 차원을 나타낸다. 그렇기 때문에 "이 세상이 미워서가 아니고/ 이 세상이 싫어서도 아니고 라는 매우 의미 있는 감각이자 마음은 대화의 세계가 열릴 수 있음을 예고한다. 그리하여 "예약된 죽음"은 "우리"와 겹치면서 공동체라는 미학적 성위를 획득한 것이라 할 수 있다. 이러한 움직임은 무엇보다 주체의 지각을 강조하는 것인데 "고산준령에서 내 안의 비린내를 씻어내"는 정화 의식과 마음을 쉬고 싶은 주체의 생각과 목소리를 그대로 전달한다. 말미에 나타나는 "섬세하게 반짝이는 별 같은 꿈"은 희망을 말하려는 태도이겠지만 섣부른 환상이 아니라는 것을 "참나무 목피처럼 거칠어진 나"라고 함으로써 의식의 지평이 현실에 있음을 뜻하기도 한다.

얼굴도 몸도 세월에 맑게 씻어내고 단단히 틀어 앉은 석불石佛, 낮고 천천한 걸음으로 올라온 인간들이 떨구어 놓은 업보業報까지 단단하게 끌어안은 채 세상 밖으로 훨훨 날아오르고 싶어 까치발로 섰다.

성聖과 속俗은 버림과 쥐고 있음의 차이인 것을, 닫힌 문살로 비치는 햇빛 한 장 만큼의 차이인 것을, 저만치 미륵의 길을 걷는 구름 한 장 제 몸을 훌훌 털어내고 표표히 날아가고 있다.

그러나 나는 부석浮石, 먼 들판의 수건 두른 노모老母가 하루 일을 마치고 차려내는 인기척 없는 밥상을 지키고 선 감나무의 까치밥을 물기 어린 눈으로 들여다보다 한 걸음 뒤로 물러서 딱 그만큼의 거리로 한 발은 땅에 붙이고 선 남산 부석浮石.

—「남산 부석浮石」 전문

시인은 지상의 시간에 대한 경험적 인식과 무연하지 않다. 석불石佛을 견지하고 있는 주체는 무엇보다 인간의 삶에 대한 이해에 근거하고 있다. 가령 "훨훨 날아오르고 싶어 까치발로 섰다"에 그려진 '훨훨'이라는 강렬한 몸짓은 그만의 독특한 목소리로서 "남산 부석浮石"을 이해하는 데 일정한 작용을 하지 않을 수 없을 것이다. "그러나 나는 부석浮石"이라는 말의 함의는 주체의 이면에 내재한 영성靈性의 한 모습이다. 이것은 시적인 것의 차원 높은 병치

로서 주체의 예민한 감각을 엿볼 수 있다. 여기서 "한 걸음 뒤로 물러서 딱 그만큼의 거리"를 형성하는 데에 이르면 장엄한 미학의 탄생이라 할 만한 무게의 차원을 유발한다. "똑 또르르 똑 또르르 똑 또르르/ 깨어나라 깨어나라// 천년고찰에 목탁소리 가라앉고/ 방석 위에 가부좌 틀고/ 이 뭣고를 하시는 님/ 귀가 있고 눈이 있어도/ 침묵하는 시간// 산도 바람도 참선에 들어/ 천안을 보는 시간/ 이 뭣고를 찾으셨나/ 가부좌 푸는 소리에/ 새 한 마리 하늘을 날으네"(「참선」 전문)에서 시인의 세계의 진술이 의미심장하다. 왜냐하면 동일성의 사유로서 스밈의 생성이 구체성을 얻고 있으며 존재의 현존에 관여하고 신성함을 자연스럽게 표상한다. "이 뭣고를 찾으셨나"의 대응은 정신적인 세계가 확대되면서 주체와 세계의 화해의 접면이 결코 가볍지 않다.

①수도꼭지에서 물이 쏟아진다
내 얼굴의 화장을 지우고
민낯의 참 나를 본다

—「물의 삶」에서

②속수무책으로 타버린 삶
온종일 겨울비가 발목을 잡아
베란다 난간에 기대어
또 하나를 깨닫는다

—「겨울비」에서

③잠시 머물러 있는 눈길
이유 없이 쏟아지는 뜨거움
우리는 잎새처럼
기대어 사각이며 사는 줄 알았다

-「흔적」 에서

①의「물의 삶」에서 "화장을 지우고"와 "민낯을 본다"라는 구체적인 감각으로 형상화하고 있다. 화자가 말하고자 하는 것은 물이 흐르는 순수의식에서 삶의 진실을 말하려는 의도와 무관하지 않다. 회귀를 수용하면서 또 다른 대상인 생명 본질의 정황을 놓치지 않으려는 소산이다.

그리고 ②의「겨울비」에서 "속수무책으로 타버린 삶"이라고 하여 허망함이 내부로부터 처절하게 발산되고 있음을 의미한다. 시인은 "온종일 겨울비가 발목을 잡아"라는 자각으로 허망함을 환치하고 "베란다 난간에 기대어" 근원적인 회복을 모색한다. 그리하여 "또 하나를 깨닫는다"는 진술은 당면한 현실을 리얼하게 묘파하고 있다

③의「흔적」 역시 "우리는 잎새처럼/ 기대어 사각이며 사는 줄 알았다"의 지각은 시인의 존재에 대한 인식을 새롭게 하고 있다. 살펴본 세 편의 시에서 유추되는 것은 현재가 상응하면서 시인의 내면세계에 자리한 현실인식을 극복하려는 의지가 내포되어 있는 것이라 하겠다.

이상과 같이 김옥란은 존재의 중심에 끊임없이 생명의

꽃을 피워 새로운 근원을 찾고자 한다. 그것은 시인의 익숙한 몸짓으로 시인만이 생명적 세계관에 대한 지향이기도 하다. 그러기에 그의 시는 자연의 생명을 통해 자아의 동일성을 확대하기 위한 진실이 잘 표상되고 있다. 이러한 시인의 진실한 자세는 특별한 개성으로 특별한 시를 지을 것이라 믿는다. 첫 시집의 출발에서 보여주는 아름다운 시「나만의 꽃」을 감상해 보기로 한다.

하이얀 목련꽃에 눈이 시리다
그리운 얼굴들이 도란도란 앉아
소소한 삶을 산다

자기 인생의 꽃
언제나 피우고 마는 꽃
시인이 되면서
나의 꽃은 시인으로 태어났다
잎이 피는 것은 자연의 순리
잎이 지는 것도 자연의 순리
순리대로 사는 것이 인생

바람에 잎들이 춤을 춘다

－「나만의 꽃」 전문

연듯빛 시간

인쇄일 2021년 1월 15일
발행일 2021년 1월 22일

지은이 김옥란
편 집 정은영
펴낸이 박철수
펴낸곳 도서출판 해암

등록번호 제325-2001-000007호
주소 부산시 중구 대청로 138번길 9 (대원빌딩 302호)
전화 051)254-2260
팩스 051)246-1895
메일 haeambook@daum.net

ISBN 978-89-6649-197-1 03810

값 10,000원